斯泰克方丹

BE A 24-HOUR ARCHAEOLOGIST
24小时考古学家

来吧，7大谜题等你破解！

[法] 帕斯卡尔·普雷沃 / 著　　[法] 阿诺·布坦 / 绘　　余 轶 / 译

河北科学技术出版社

·石家庄·

1 科学院正在举办竞赛，招募优秀的考古学家。本轮招募由冯教授负责。你，很有可能就是下一位考古新星！

不过，本轮竞赛的任务非常艰巨。参赛者必须在全世界范围内快速行动，肯动脑筋，不惧困难。另外要提醒你的是，参赛者可不止你一人！

2 你必须破解7大考古谜题。每道题只有24小时答题时间。打起十二分精神,仔细阅读说明文字,准备迎接挑战吧!出发!

史前时期

1 你来到南非约翰内斯堡,透过酒店房间的窗户看着外面的瓢泼大雨。这时,冯教授给你打来电话,说大雨很有可能会淹没斯泰克方丹岩洞!不久前,人们刚在岩洞中发现了一具380万年前的骨架!如果那是南方古猿(早期人类之一)的骨架,那将是世界上最古老的!要确认这一点,必须首先找到目前缺失的头骨。在能够摧毁岩洞的山体滑坡发生之前,你有24小时的行动时间!加快速度!

2 仔细看地图,你准备采用何种交通方式?如果你选择搭乘飞机,请翻到第12页;如果你更愿意骑马,请翻到第3页;如果你选择乘坐汽车,请翻到第19页。

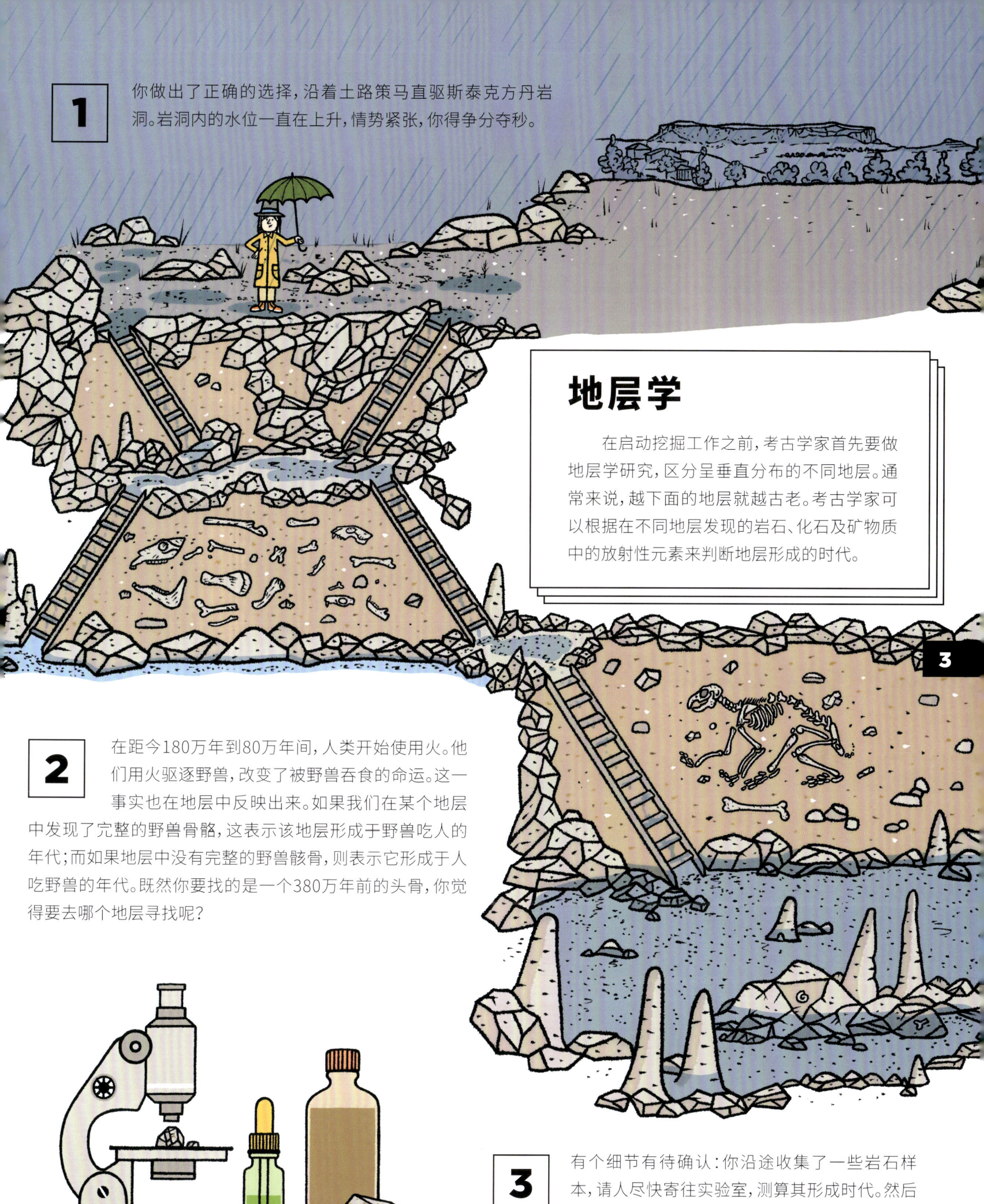

1 你做出了正确的选择,沿着土路策马直驱斯泰克方丹岩洞。岩洞内的水位一直在上升,情势紧张,你得争分夺秒。

地层学

在启动挖掘工作之前,考古学家首先要做地层学研究,区分呈垂直分布的不同地层。通常来说,越下面的地层就越古老。考古学家可以根据在不同地层发现的岩石、化石及矿物质中的放射性元素来判断地层形成的时代。

2 在距今180万年到80万年间,人类开始使用火。他们用火驱逐野兽,改变了被野兽吞食的命运。这一事实也在地层中反映出来。如果我们在某个地层中发现了完整的野兽骨骸,这表示该地层形成于野兽吃人的年代;而如果地层中没有完整的野兽骸骨,则表示它形成于人吃野兽的年代。既然你要找的是一个380万年前的头骨,你觉得要去哪个地层寻找呢?

3 有个细节有待确认:你沿途收集了一些岩石样本,请人尽快寄往实验室,测算其形成时代。然后请翻到**第16页**。

美索不达米亚

1 现在你到哪儿啦？在美……美……美什么来着？噢，对了，是美索不达米亚。"美索不达米亚"是中东地区的古称，人类的第一种文字即诞生于此。你乘坐汽车，在伊拉克沙漠中全速前进，目的地是拉尔萨古城遗址。有人在努尔-阿达德王宫的废墟下发现了一些泥板。说不定泥板上有珍贵的文字记录？你必须赶在文物大盗动手之前拿到这些泥板。到达目的地，你跳下汽车，在洞口边俯下身来——还好，泥板都还在。

标签：费城博物馆（美国）、大英博物馆（伦敦）、伊拉克国家博物馆（巴格达）

散落的**文物**

长久以来，在外国进行文物挖掘的欧洲或美国考古学家，会保留一部分他们所发现的文物，诸如古文字泥板一类的珍贵文物，因此，很多此类文物散落在世界各地的博物馆中。

2 仔细观察这块泥板，它恰好是某个博物馆的馆藏泥板的缺失部分。你找到与之相匹配的泥板了吗？如果是，请翻到**第5页**。

1 太棒了！得益于你的发现，我们可以研究整块泥板文字了。这时，远处传来一阵汽车马达声——文物大盗就要来了！向导催促你加快动作，如果泥板落入劫匪手中，一定会被高价售出，你就别想再研究泥板上的文字啦！你必须以最快的速度离开现场。突然，你的注意力被一个从土里冒出来的奇怪物品所吸引。你开始刨挖它周围的泥土，这让向导更着急了！文物大盗随时有可能出现，他们可是带了家伙的！

文字的**诞生**

公元前3300年，美索不达米亚文明创造了楔形文字。誊写人用削尖的芦苇杆在柔软的泥板上刻画出楔形的图案，这些图案最初被用来指代具体事物，后来逐渐演化成一种文字。

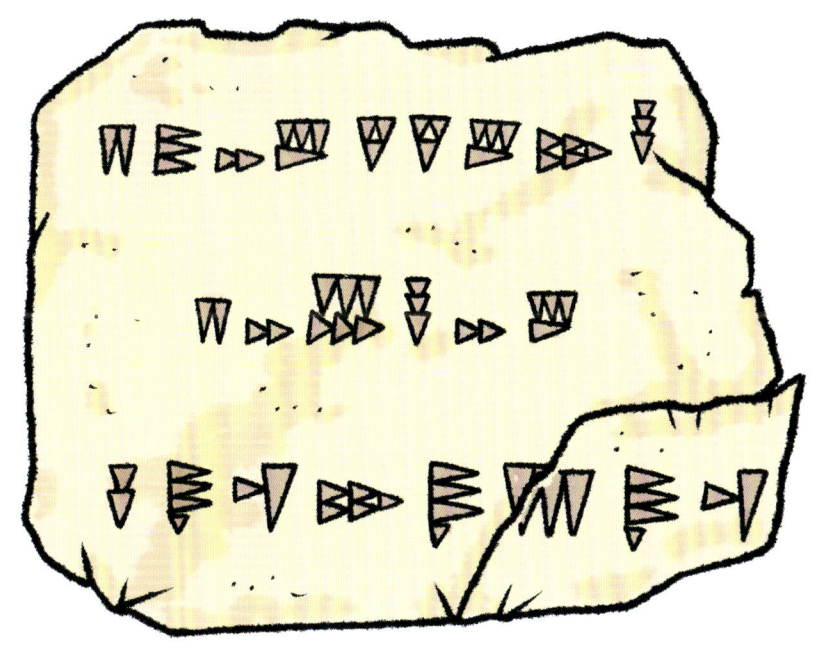

阿卡德文字

2 你借助阿卡德文字，破译了泥板上的信息。现在你知道刚刚出土的那个奇怪物品是什么了吗？欲知详情，请翻到**第18页**。

柬埔寨

1 明天是3月21日，也就是春分。早上6点半，太阳将直射柬埔寨吴哥窟最高的塔楼，使塔内金光闪耀。今年，这场美景将更胜往年。你的竞争对手正在寻找毗湿奴神金像，这座金像曾经就坐落在塔楼内部。如果你想成为考古新星，就必须比对手先找到毗湿奴神金像！请校准你的手表，在24小时内完成任务。

吴哥窟

吴哥窟建于12世纪初，是苏耶跋摩二世的宫殿，也是苏耶跋摩二世对印度教主神毗湿奴的献礼。后来，吴哥窟成为佛教寺庙，毗湿奴神像也被搬走了。吴哥窟的护城河与非常先进的运河系统相连，河水使吴哥窟的沙石地基如水泥般坚固。

2 你决定使用地下金属探测器对土地进行勘查吗？请翻到**第32页**。
如果你决定乘坐飞机俯瞰森林，从而开展搜索工作，请翻到**第7页**。

1 恭喜你,乘坐飞机是一个明智的选择。飞机上装有激光雷达,可以穿透茂密的植被探测地下。请仔细观察,你发现了多少座神像?哪一座才是毗湿奴神像呢?赶快翻到第38页,阅读关于柬埔寨的介绍。

如果你来自第17页,很遗憾,你搞错了。
这里没有炸药。
请原路返回,重新开始。

空中探测

激光雷达是一种激光探测装备。有了它,我们可以不受地面障碍物(比如森林)影响,直接从飞机上进行地下探测。激光雷达还能绘制配备GPS数据、情况翔实的地下图。可以说,激光雷达是考古学家的"通地眼"。

2 你发现毗湿奴神像了吗?现在背上降落伞,向着雕像的方向跳下。勇敢点,加油!请查阅第30页!

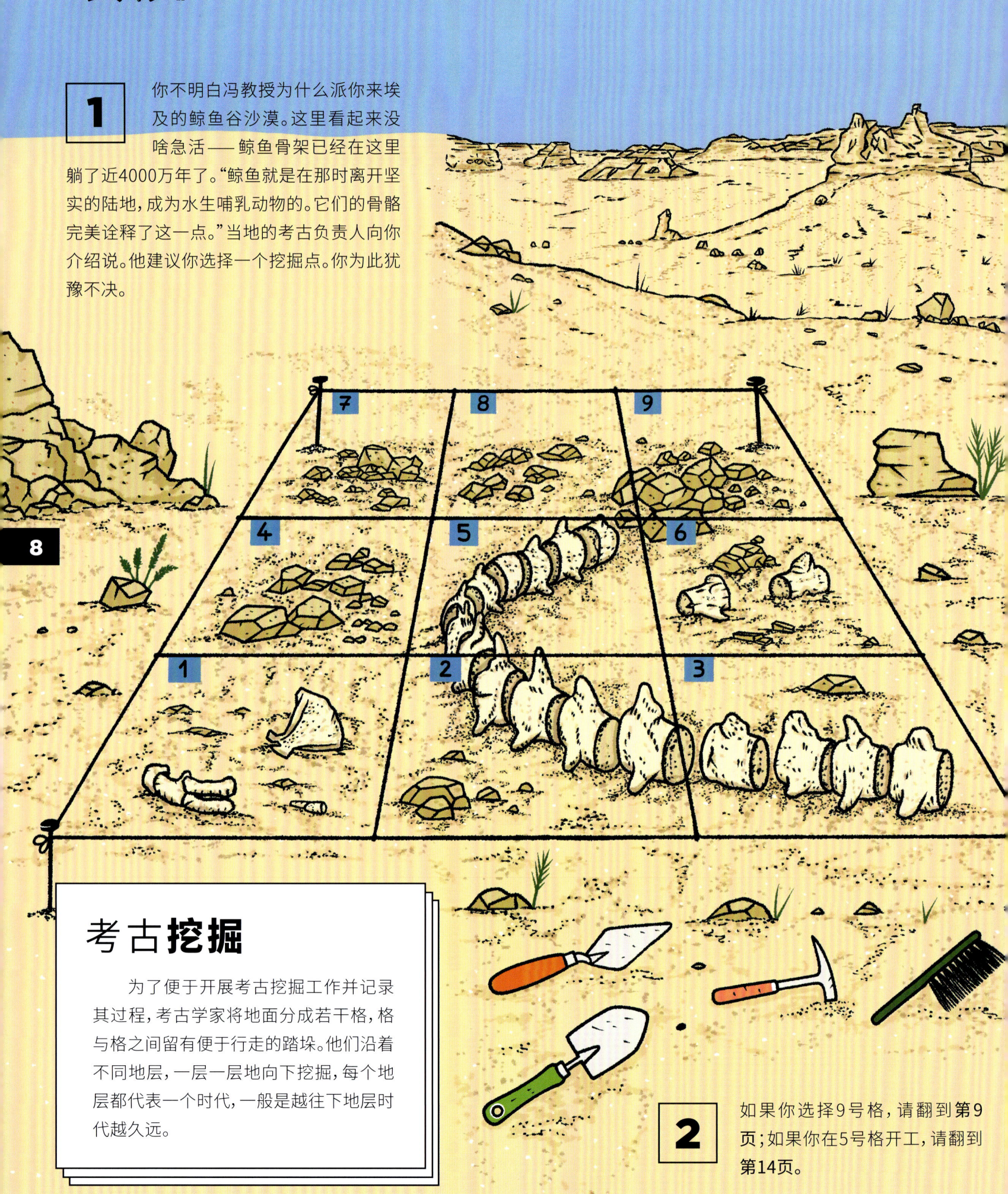

埃及

1 你不明白冯教授为什么派你来埃及的鲸鱼谷沙漠。这里看起来没啥急活——鲸鱼骨架已经在这里躺了近4000万年了。"鲸鱼就是在那时离开坚实的陆地,成为水生哺乳动物的。它们的骨骼完美诠释了这一点。"当地的考古负责人向你介绍说。他建议你选择一个挖掘点。你为此犹豫不决。

考古**挖掘**

为了便于开展考古挖掘工作并记录其过程,考古学家将地面分成若干格,格与格之间留有便于行走的踏垛。他们沿着不同地层,一层一层地向下挖掘,每个地层都代表一个时代,一般是越往下地层时代越久远。

2 如果你选择9号格,请翻到第9页;如果你在5号格开工,请翻到第14页。

1 刚挖没多久，你的铲子便触碰到一个硬物。那是一副骨架。你用刷子将它清理出来。这具骨骼肯定不是鲸鱼的，而是属于某种鸟类。考古就是这样，总会发生一些意外：有时你在寻找一种东西，却意外发现另一种东西。这副鸟类骨架带你走上一条新轨道。它到底是哪种鸟类呢？它的脖子上戴着一个象牙鞘套，上面用象形文字刻着它的名字。想要破译这些象形文字，请翻到第39页。

2 原来是一只鹅！它会不会是图特摩斯三世于公元前1458年派往四个方向，通知各路神灵他已即位的四只大鹅之一呢？你怀着无比激动的心情，打开象牙鞘套。鞘套里有一小块莎草纸。你的心脏剧烈跳动。你把莎草纸打开来。

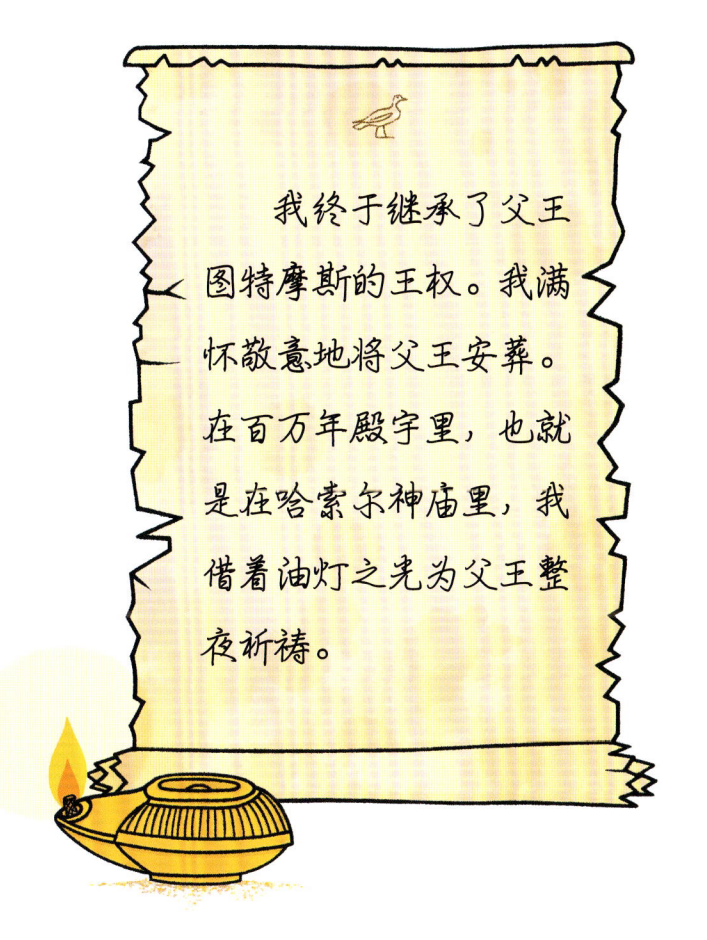

伟大的**法老**

法老图特摩斯二世卒于公元前1479年，他的妻子哈特谢普苏特成为女王，此后就一直执掌政权，直到离世。公元前1458年，图特摩斯二世的儿子图特摩斯三世终于继承王位。为了这一天，他等了二十多年！他非常生气，下令让人抹除与哈特谢普苏特有关的痕迹，最终成为伟大的征服者。

> 我终于继承了父王图特摩斯的王权。我满怀敬意地将父王安葬。在百万年殿宇里，也就是在哈索尔神庙里，我借着油灯之光为父王整夜祈祷。

3 你知道吗，"百万年殿宇"指的就是法老的墓地，但图特摩斯二世的墓地到底在何处，却一直是个未解之谜！这条信息告诉你，图特摩斯二世的墓地就在哈索尔神庙里。这真是一个了不起的发现！快，立刻前往**第20页**。

玛雅

1 明天有一场以"气候异常"为主题的会议,冯教授只给你24小时的时间,让你完成关于玛雅文明衰亡的研究,并在会上做报告。你乘坐直升飞机来到玛雅城遗址,但你并不知道这里的具体地名,只好大声问飞行员:
"我这是在哪儿?"
"找到查克摩尔,你就明白了!"
找到查克摩尔?好吧,你四下打量。等等,"查克摩尔"到底是什么?为了获得答案,请翻到第38页,阅读关于玛雅的介绍。

他们**是谁?**

辉煌的玛雅文明诞生于美洲中部的尤卡坦半岛。公元9世纪左右,玛雅文明突然消失,原本广袤的城市和雄伟的庙宇都被森林覆盖。

2 你找到传说中的查克摩尔了?
干得漂亮!
现在你可以去往第11页。

1 找到了查克摩尔,你便知道了自己的所在地:你现在位于墨西哥的奇琴伊察。这里真是风景如画,你很难想象,如此辉煌的玛雅文明,为什么会走向消亡。这是一个值得探寻的谜。要解答这道谜题的话,该从何处下手呢?

2 如果你打算登上神庙,请翻到第35页;如果你想要像玛雅人一样询问天象,请翻到第32页;如果你计划下到天然井,请翻到第22页。

11

天然井

天然井是盛着水的天然溶洞,它们彼此联通。玛雅人利用天然井来满足用水需求。奇琴伊察的一口天然井还曾被用于活人祭祀。

希腊

如果你来自第2页,请确认你的目的地。
你的目的地在南非,对吧?
请原路返回,重新开始。

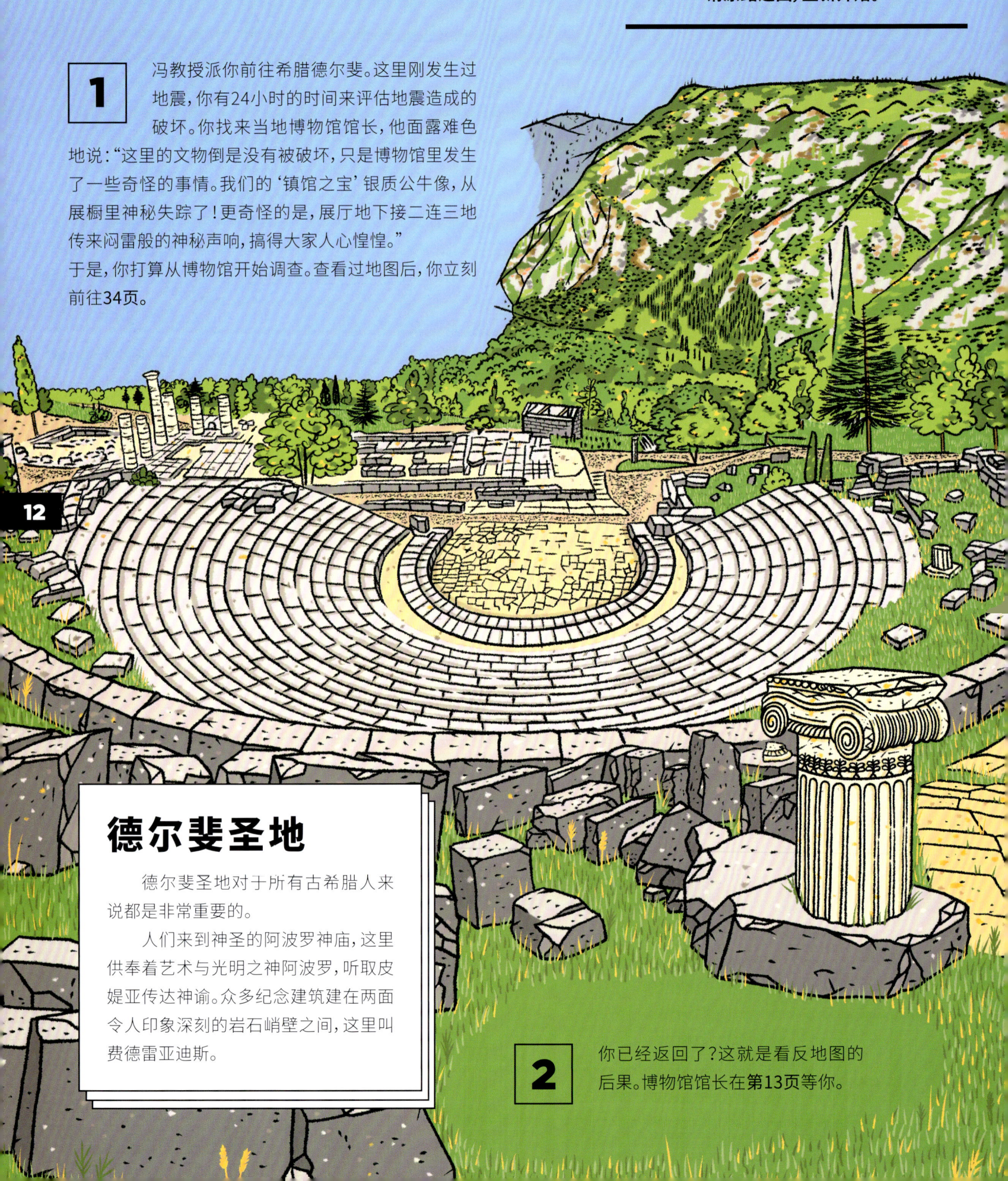

1 冯教授派你前往希腊德尔斐。这里刚发生过地震,你有24小时的时间来评估地震造成的破坏。你找来当地博物馆馆长,他面露难色地说:"这里的文物倒是没有被破坏,只是博物馆里发生了一些奇怪的事情。我们的'镇馆之宝'银质公牛像,从展橱里神秘失踪了!更奇怪的是,展厅地下接二连三地传来闷雷般的神秘声响,搞得大家人心惶惶。"
于是,你打算从博物馆开始调查。查看过地图后,你立刻前往34页。

德尔斐圣地

德尔斐圣地对于所有古希腊人来说都是非常重要的。

人们来到神圣的阿波罗神庙,这里供奉着艺术与光明之神阿波罗,听取皮媞亚传达神谕。众多纪念建筑建在两面令人印象深刻的岩石峭壁之间,这里叫费德雷亚迪斯。

2 你已经返回了?这就是看反地图的后果。博物馆馆长在第13页等你。

1 你刚走入博物馆,就听到了馆长所说的那个从地下传来的"闷雷"声。

"我觉得这不像是地震的声音,"你对馆长说,"反而像是蹄声。"

馆长脸色惨白:"该不会是我们的银质公牛复活了吧?还是可怕的弥诺陶洛斯牛头怪卷土重来了?"

2 别着急,你得先仔细检查现场。在阿波罗神庙,一个冒出地面的圆形物体差点把你绊倒。它是地震后才出现的。你们将物体挖掘出来。"是第二块欧姆法洛斯圣石!"馆长异常兴奋,"与博物馆现存的那块一模一样!"

你确定是"一模一样"吗?仔细观察这两块圣石,它们有所不同。尤其有一处细节,让你想起了什么……你是不是在哪里见过它?

世界的**肚脐**

欧姆法洛斯圣石呈椭圆形,代表了世界的中央。传说宙斯从地球两端派出两只老鹰,让它们同时飞向彼此,以它们相会的地方作为地球的中心。结果两只老鹰在德尔斐相会,人们因此也把德尔斐称为"世界的肚脐"。

3 如果你找到了,请翻到**第24页**;如果还没找到,请继续加油!

法国

如果你来自第8页，将无法在这里找到鲸鱼骸骨了。请原路返回，重新开始。

1 你在法国南部的某个城市匆匆降落。这里是一片工地，人们正在修建地铁站，却意外发现地下藏有中世纪遗址：一座古罗马建筑。在这里开展考古挖掘工作的行政许可将在24小时后到期。"我敢肯定，我们很快就能挖出珍宝了！"工地负责人急得直跺脚，"来！让我们加快速度！"她要求你完成中世纪深坑的清理工作，这相当于派你去把垃圾桶翻个底儿朝天。

预防考古

在修建地铁、楼房或公路的过程中，人们有时会发现古代遗址遗迹。法国的法律规定，如遇这种情况，考古学家可以在一定时限内，在工地上展开考古挖掘工作。我们把这种考古工作类型叫做"预防考古"。

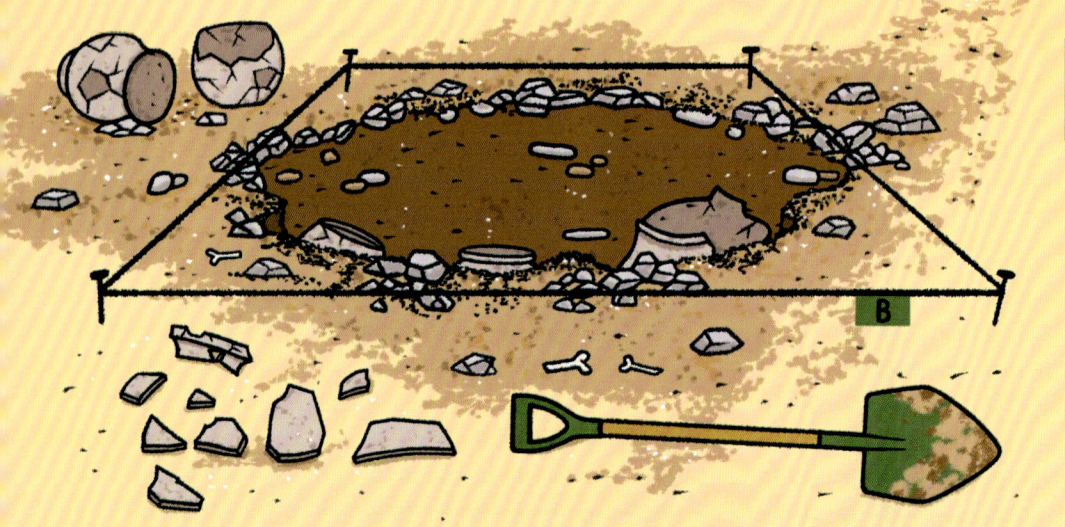

2 你接受了任务。这座建筑是做什么用的呢？仔细想想。整个中世纪时期，这座古罗马城市的街道上都是不允许扔放垃圾的。于是人们在房屋的地下室里挖洞，填埋垃圾；16世纪时，城市里修起用砖头砌成的粪坑，与管道系统相连。如果你选择地坑A，请翻到**第32页**；如果你选择地坑B，请翻到**第15页**。

1 你得测量化石所属年代，确保它们确实源自中世纪时期。首先，你找到了很多骨头，以及一些餐饮残余。你把最年幼的一只动物的骨头送去做DNA测试。你是如何获知它是最年幼的动物的骨头的呢？关键要看骨骺（也就是骨头两端的突起）：骨骺尚未闭合，但已经消失。请仔细观察。

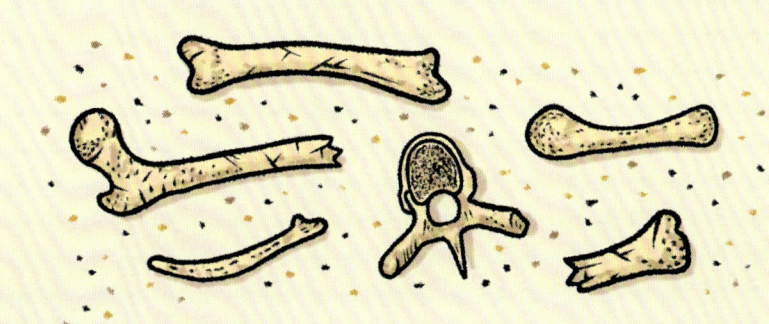

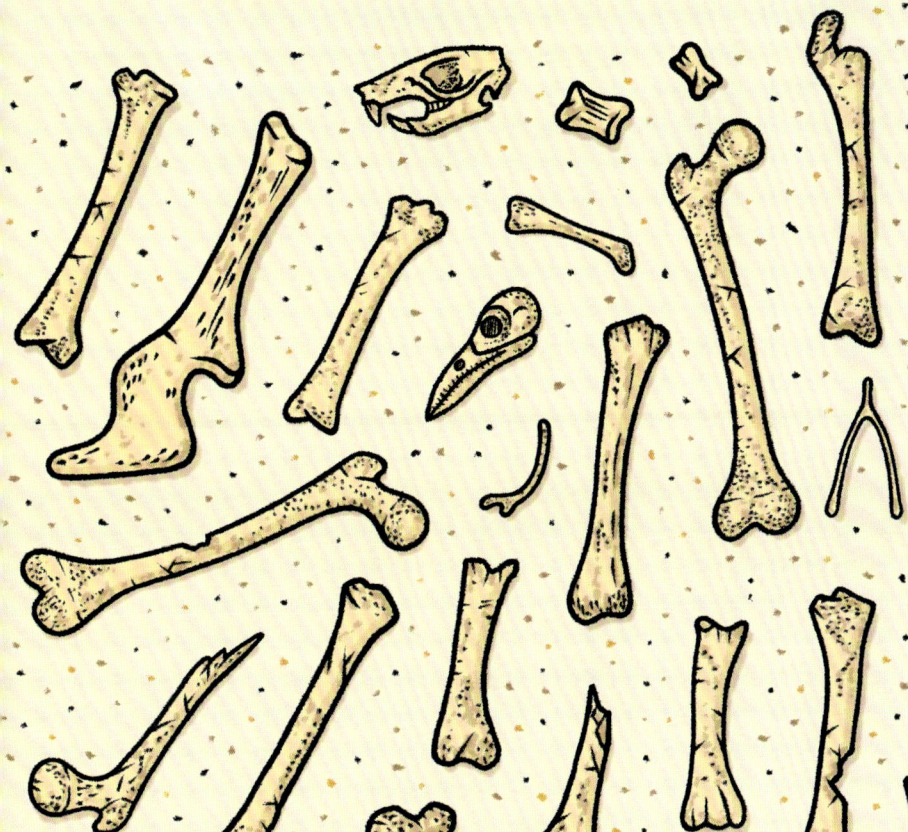

基因和骨头

一切生命细胞都拥有基因组（DNA），它是使物种得以延续的编码。考古学家从古代生物遗骸中提取并分析DNA，可以获得众多信息，继而推动考古学不断发展。例如，生物分子考古学证明，尼安德特人可以和克罗马农人通婚生子。

与众不同的 口香糖

出土于丹麦的一小块桦树皮制成的口香糖上，残留有口水的痕迹。DNA检测表明，这是5700年前一位蓝色眼睛、深色皮肤的妇女嚼过的口香糖；在此之前她还吃了榛子和鸭肉；她有牙龈疼的毛病，也许还得了肺炎。

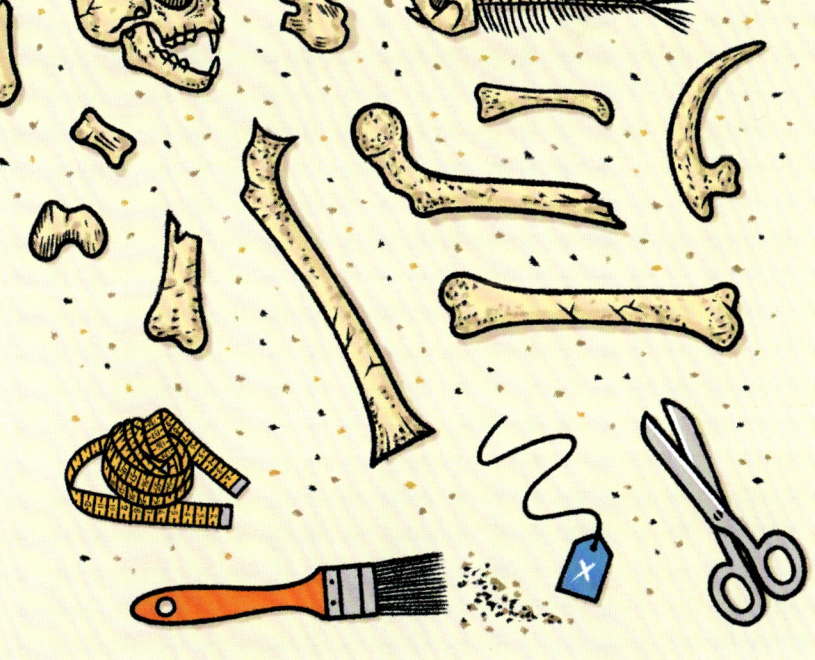

2 你刚把骨头装进塑料袋，送去做碳-14检测来测定年代，紧接着又在**第26页**有了新发现。

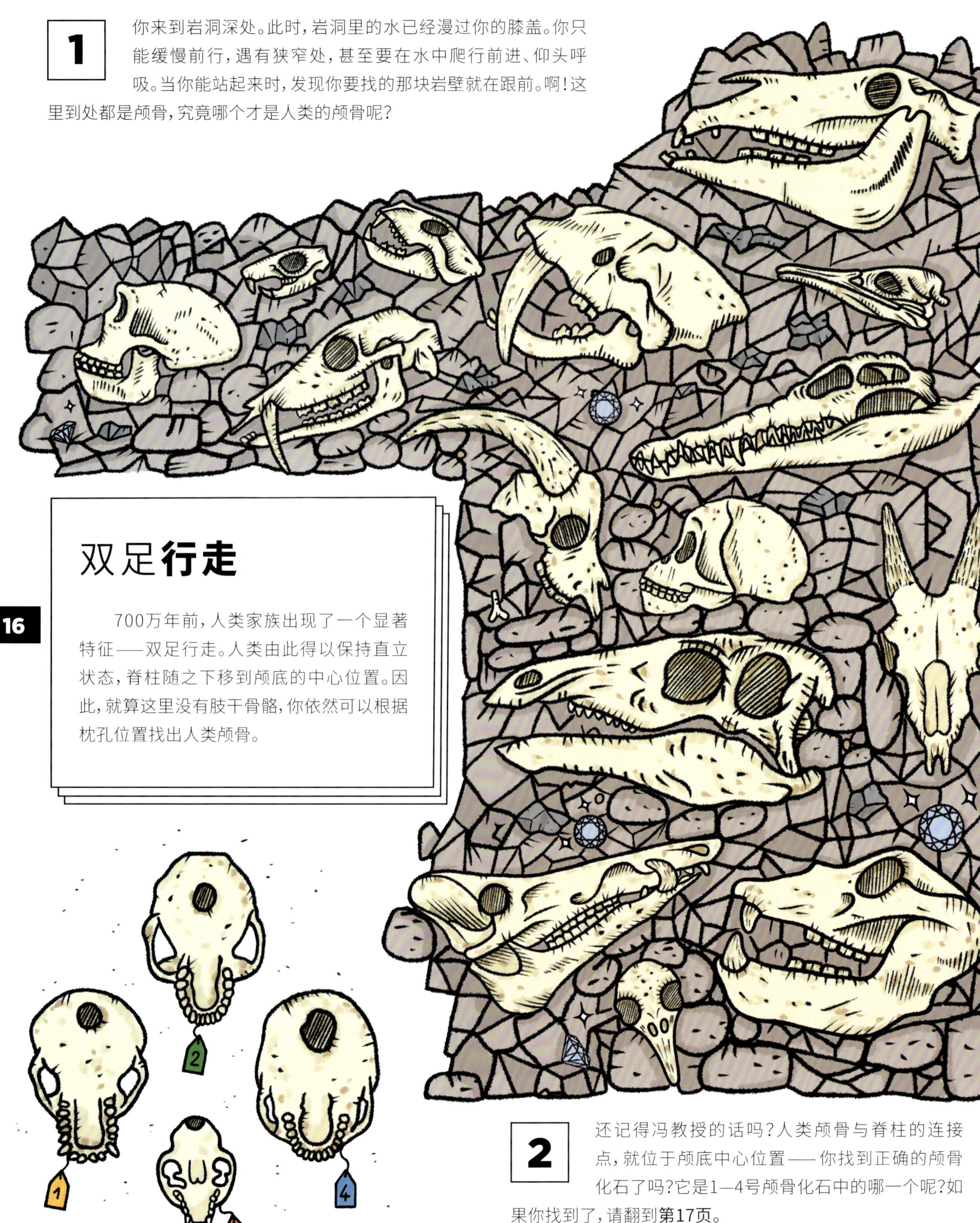

1 你来到岩洞深处。此时，岩洞里的水已经漫过你的膝盖。你只能缓慢前行，遇有狭窄处，甚至要在水中爬行前进、仰头呼吸。当你能站起来时，发现你要找的那块岩壁就在跟前。啊！这里到处都是颅骨，究竟哪个才是人类的颅骨呢？

双足**行走**

700万年前，人类家族出现了一个显著特征——双足行走。人类由此得以保持直立状态，脊柱随之下移到颅底的中心位置。因此，就算这里没有肢干骨骼，你依然可以根据枕孔位置找出人类颅骨。

2 还记得冯教授的话吗？人类颅骨与脊柱的连接点，就位于颅底中心位置——你找到正确的颅骨化石了吗？它是1—4号颅骨化石中的哪一个呢？如果你找到了，请翻到**第17页**。

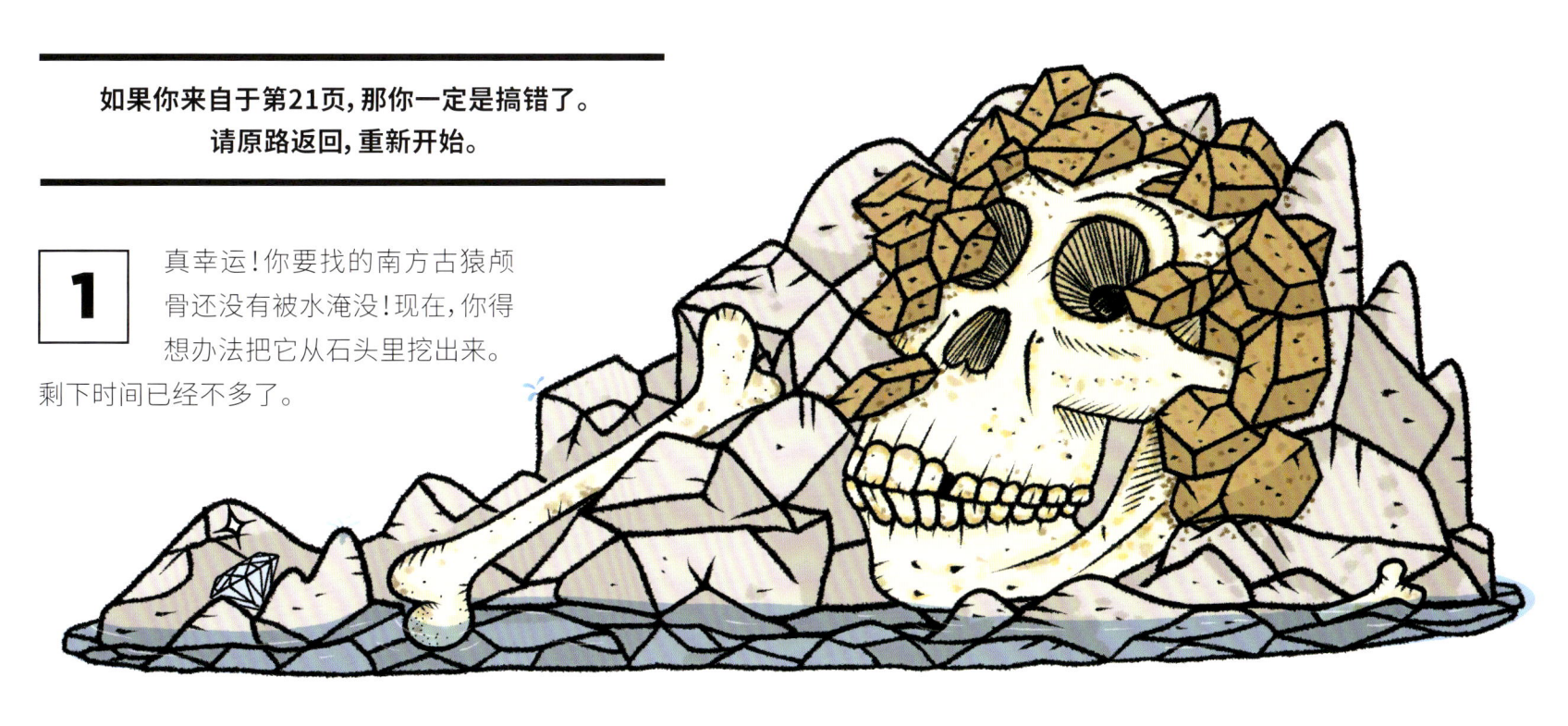

如果你来自于第21页，那你一定是搞错了。
请原路返回，重新开始。

1 真幸运！你要找的南方古猿颅骨还没有被水淹没！现在，你得想办法把它从石头里挖出来。剩下时间已经不多了。

化石

化石是骨头、木头、羽毛等在几百万年间承受地面重压石化而成。考古学家通常在地底深处或岩洞里寻找并挖掘化石；有时，地质运动也会把化石带到浅表地层中。

17

2 你打算选用哪一种工具？如果你选择风镐，请翻到第32页；如果你需要一箱炸药，请去第7页寻找，如果找不到，就证明你错了；如果你选用牙医常用的牙钻，请翻到第28页。

1 时间刚好够你解码文字、逃离现场。你得知这只鞋是兹姆里·利姆国王送出的礼物。这时,手机铃响,是冯教授来电。你向他报告了你的最新发现。他兴奋地回答:"这正好可以解释兹姆里·利姆国王宫殿里的一幅神秘壁画的内容!"

2 仔细观察这幅画,画面内容与兹姆里·利姆国王登基有关。脚踏母狮的伊什塔尔女神向国王授予权力的象征:一段绳索与一根权杖。国王将右手置于唇前祷告。他身上穿戴着一样别人都没穿戴的服饰,那是什么呢?如果你找到了,请翻到第38页,阅读关于美索不达米亚的介绍。

3 看来兹姆里·利姆国王很喜欢穿鞋子,也喜欢给别的国王送鞋子,比如汉谟拉比国王和努尔-阿达德国王。"这是为什么呢?"冯教授在电话里问。可是,眼下你有更重要的问题要去解决——冯教授告知,文物大盗在土耳其乌鲁布伦召唤增援,他们显然是在寻找宝藏。你得赶在他们之前将文物安全带走。请火速前往第19页。

1 乌鲁布伦沉船是1984年考古学家在土耳其格里多亚角向西40英里的乌鲁布伦海岸附近发现的,这艘船只可以追溯至公元前1300年左右。当时它是一艘载满商品的货船,沉落时将全部货物带入海底。乌鲁布伦沉船的水下挖掘工作持续至今。你搭乘直升飞机赶来,降落在考古学家的船只上。你只有3个钟头的时间去破解谜题:到底是何宝贝引来了文物大盗?他们已全部被警方逮捕,可这些家伙都不肯透露半点信息。看来,你只能亲自潜水,去一趟海底了。

如果你来自第2页,
那你就出错了。
请原路返回,重新开始。

水下**考古**

通过水下考古,人们可以发现在沙子掩埋下保存完好的文物古迹:小到船体碎片,大到整座城池。潜水员可以亲手把水下考古发现带出水面,也可以利用网或气球运输文物。

2 三架小型潜艇向你驶来——文物大盗来了!你要小心避开他们的探照灯,神不知鬼不觉地潜入水底。请翻到**第34页**。

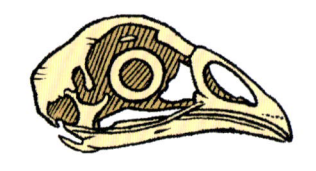

1 真是太神奇了！图特蒙斯三世在写给神明的信中向我们指明了他父王墓冢的位置！这座神秘莫测的坟墓，原来就在底比斯的哈特谢普苏特女王神庙里！你看了看手表：你还有时间前往。当你赶到现场，却意外发现竞争对手早已到达，他还带着一枚颅骨。看来你输定了……等等，真是这样吗？

2 仔细观察这两个颅骨，你找到的（左侧）和他找到的（右侧）一样吗？他找到的颅骨来自何种鸟类？是母鸡、鸭子还是老鹰？如果你已有答案，请翻到第38页，阅读关于埃及的介绍。

动物考古学

研究动物遗存的动物考古学，可以提供诸多关于动物生活环境、人类饮食习惯、狩猎及饲养方式、信仰崇拜甚至还有经商通道等方面的信息。

3 这不是一枚鹅颅骨，只有图特摩斯三世放飞的鹅，才有可能进入这座神殿。

你细细思索……没错，你见过这位竞争对手！他曾经与你一起出现在考古挖掘现场，也许他一直在跟踪你！在你有了惊人发现之后，他也找到了一枚禽类动物的颅骨，然后对你紧追不舍，想要伺机超过你。请翻到**第21页**，把他甩在身后！

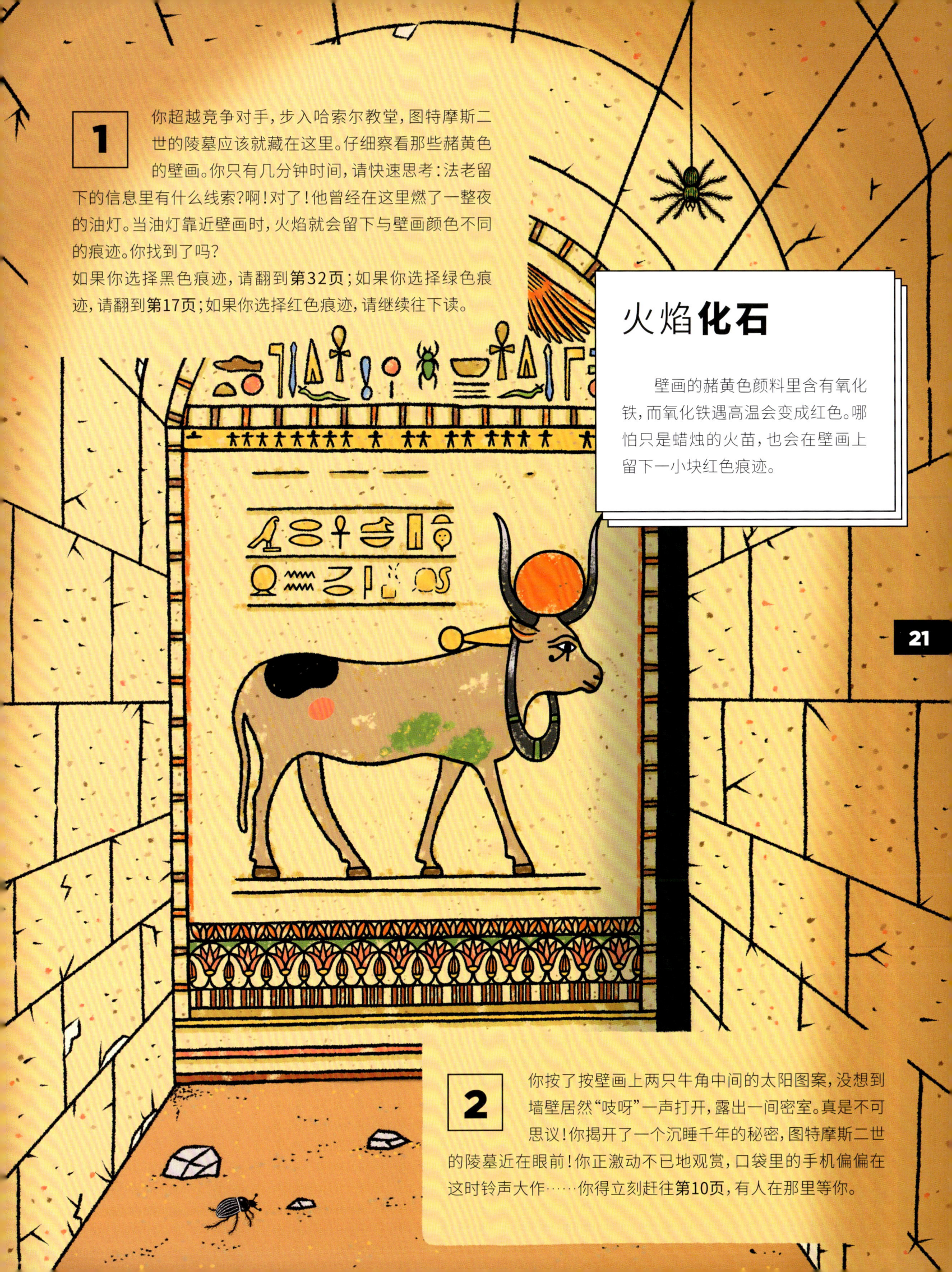

1 你超越竞争对手，步入哈索尔教堂，图特摩斯二世的陵墓应该就藏在这里。仔细察看那些赭黄色的壁画。你只有几分钟时间，请快速思考：法老留下的信息里有什么线索？啊！对了！他曾经在这里燃了一整夜的油灯。当油灯靠近壁画时，火焰就会留下与壁画颜色不同的痕迹。你找到了吗？

如果你选择黑色痕迹，请翻到**第32页**；如果你选择绿色痕迹，请翻到**第17页**；如果你选择红色痕迹，请继续往下读。

火焰**化石**

壁画的赭黄色颜料里含有氧化铁，而氧化铁遇高温会变成红色。哪怕只是蜡烛的火苗，也会在壁画上留下一小块红色痕迹。

2 你按了按壁画上两只牛角中间的太阳图案，没想到墙壁居然"吱呀"一声打开，露出一间密室。真是不可思议！你揭开了一个沉睡千年的秘密，图特摩斯二世的陵墓近在眼前！你正激动不已地观赏，口袋里的手机偏偏在这时铃声大作……你得立刻赶往**第10页**，有人在那里等你。

| **1** | 幸亏你下到天然井里寻找玛雅文明消亡的原因,因为井壁上的小洞告诉你,已经有人来过这里,并取走了土层样本。你希望考古学家们有时间对样本做出分析。眼下,你遇到一个大难题:一群鳄鱼挡住了你回到水面的路。这可真糟糕!还有其他出路吗? |

如果你来自第31页,
那你白白担心会有鳄鱼了。
好消息:吴哥窟的护城河里没有鳄鱼。
请原路返回,重新开始。

会说话的**花粉**

别看花粉特别细小,但它可以持久保存。考古学家在不同地层中采集花粉,通过花粉分析法,探寻不同历史时期的植被情况。

| **2** | 试着回忆一下:当你在第10页寻找查克摩尔雕像时,曾见过另一个雕像——它也同样出现在本页中,为你指明正确通道的入口。请抓紧时间,你的氧气储备正在接近危险值。 |

| **3** | 你找到正确通道了吗?请火速赶往第23页! |

1 你看见一口透着光的天然井,于是下到井中,又从另一口天然井浮出水面,跑到那座祭献蛇神的寺庙。手机重新有了信号,你赶紧电话询问考古学家取自天然井壁的土层样本的分析结果。

2 太棒了!分析结果显示了天然井周遭的植被变化情况。在公元750年至920年间,也就是玛雅文明灭亡的年代,土层样本中的植物花粉越来越少。你认为森林消失是导致玛雅文明灭亡的原因吗?请继续往下读。如果你认为玛雅文明灭亡的原因在于所有生命体(不管是植物还是动物)都蒙受了毒咒,那么请翻到第32页。

玛雅文明的终结

玛雅城市规模大、人口多。从检测结果可以看出,玛雅人越来越频繁地砍伐树木,将原本属于森林的土地用来种植玉米、获取粮食。森林被毁灭,加上四场严重旱灾,土地变得贫瘠,战争频繁爆发,玛雅人最终遗弃了他们的城市。

3 干得漂亮!果然是森林毁灭加速了玛雅文明的灭亡。你因为这个重大发现高兴得手舞足蹈,并将此消息电话告知冯教授。他向你表示祝贺,然后派你前往第12页。

1 又是一道有待解开的谜题?图特摩斯三世放飞的鹅怎么会出现在希腊?难不成是四鹅之一飞到这里来了?难怪会有"宙斯之鹰"的传说。仔细想想:这位法老在公元前1458年登基之时放飞大鹅,那时神庙还没有建起,山坡上倒是有一个村庄。大鹅会不会是跌落在村里,从而留下永恒的传说呢?你应该去那里调查一番。你开始爬山,可没多久又停止步伐:你左侧的峭壁上出现了一个未知的山洞入口,是地震之后才有的。

碳-14测定年代法

碳-14测定年代法发明于1949年,是当前最常用的测定年代法之一,可用于测算历时不超过5万年的古生物化石的年代。碳-14年代测定法分两步进行:首先用探测仪分析样品中遗留的碳-14元素含量,然后通过数据校正获得地球磁场的变化情况。物品含有的碳-14元素越少,就越古老。

2 在展开推理之前,你得首先获知圣石所属年代。好在大鹅脖子上挂有象牙鞘套,适用碳-14测定年代法。请翻到**第39页**,阅读测定结果以及关于希腊的介绍。

1 你找到的这块圣石比博物馆现存馆藏圣石要古老得多,大约在公元前350年雕刻而成。馆藏圣石说不定就是以你找到的这一块为原型制作的。另外,在现已发现的同时期古文物艺术品中,很少有装饰了象牙的!

2 现在,你步入岩洞,来到一座迷宫的入口处。它的外观类似公元前1478年时的希腊建筑,这再次印证了你关于大鹅的猜想。你不太喜欢这些牛头雕像,那闷雷般的声响同样令你感到不安:你该不会真与牛头怪撞个满怀吧?

弥诺陶洛斯牛头怪

弥诺陶洛斯牛头怪是希腊神话中一个牛头人身的怪物。传说为了囚禁牛头怪,人类创建了第一个迷宫,就位于希腊的克诺索斯。每隔一段时间,人们就要给牛头怪送几个活人去当食物,直到雅典英雄忒修斯挥拳将牛头怪打死。

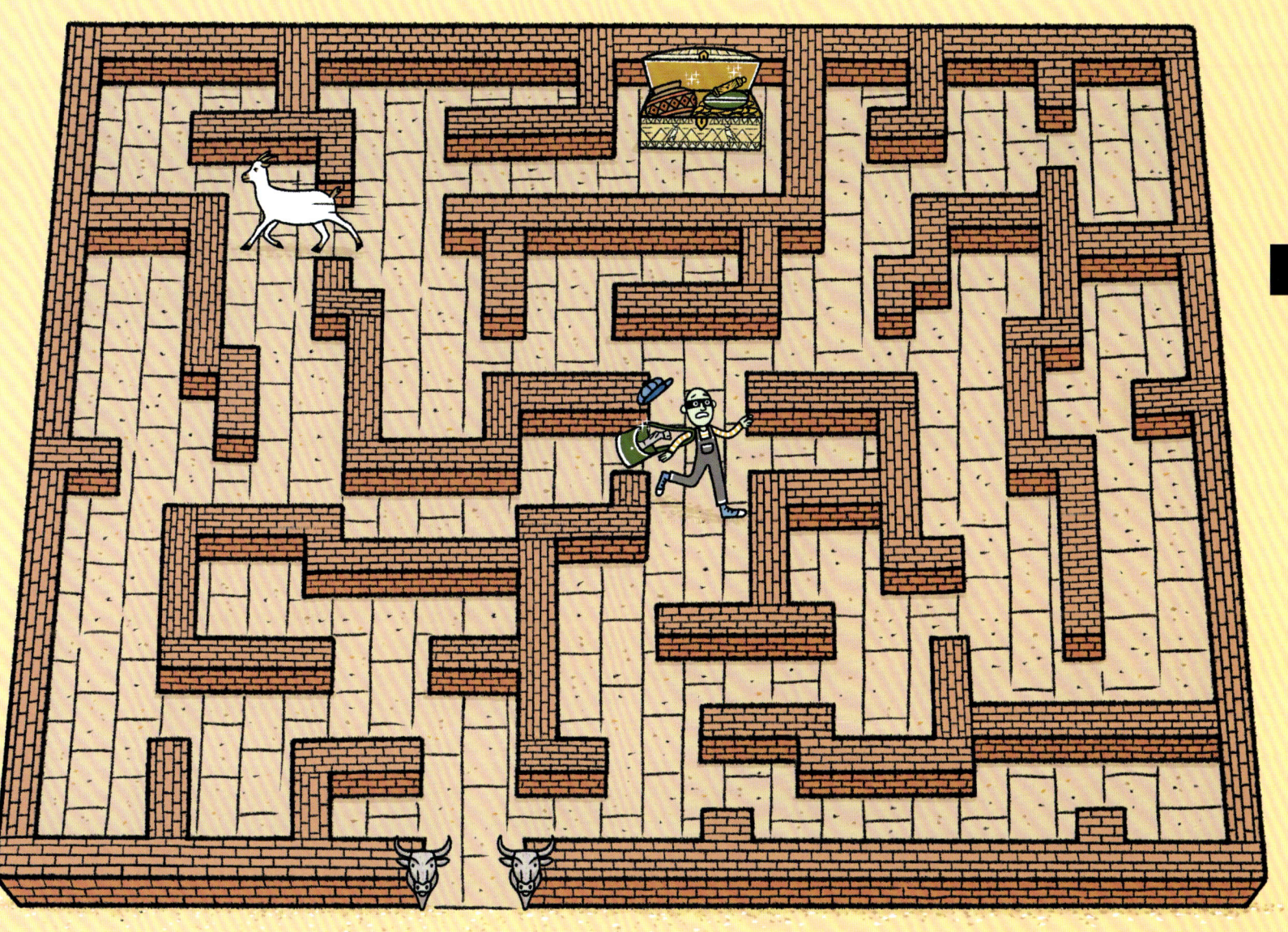

3 你内心恐惧,但不得不继续前进。只有找到正确的出路,才能有所突破!然后,请前往第33页。

1 你在地坑深处发现了一把黄杨木梳子和一段橡树梁木,可以借此大致推测岩洞的年代。将你找到的梳子与下列模型对比,确定梳子所属年代。

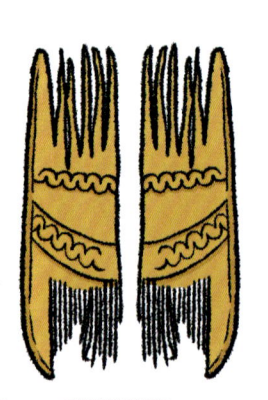

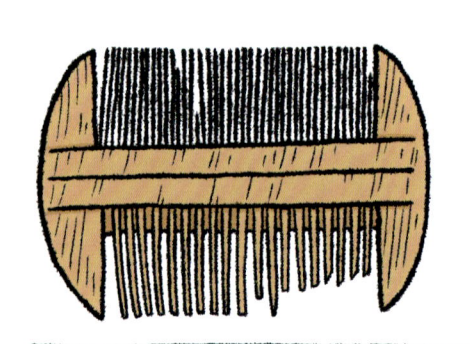

| 10世纪到11世纪 | 12世纪到14世纪 | 15世纪 | 16世纪 |

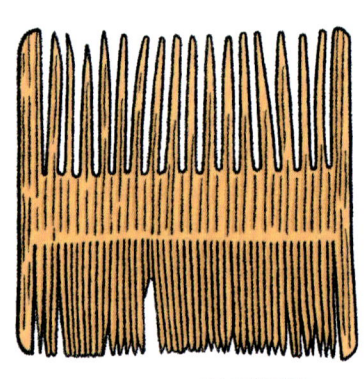

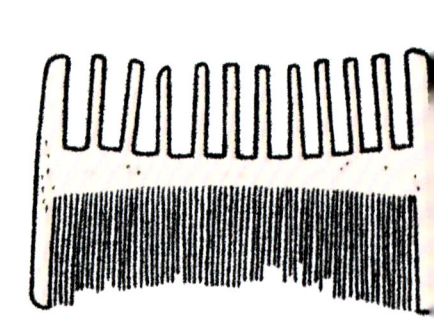

树木的**年龄**

树木每长一岁,树干上就会多一圈年轮。从树木年轮的数量可以推测树木的年龄。将这棵树木的年轮与同一地区、同一种类的树木对比,就可以推测它曾于何时发芽、何时被伐;我们还可以由此获得关于气候与环境的信息。这种方法叫做树木年轮断代法。

2 现在,请翻到**第39页**,参看关于法国的介绍。你可以通过年轮断代法获知梁木所属年代,并阅读那块小骨头的分析结果。

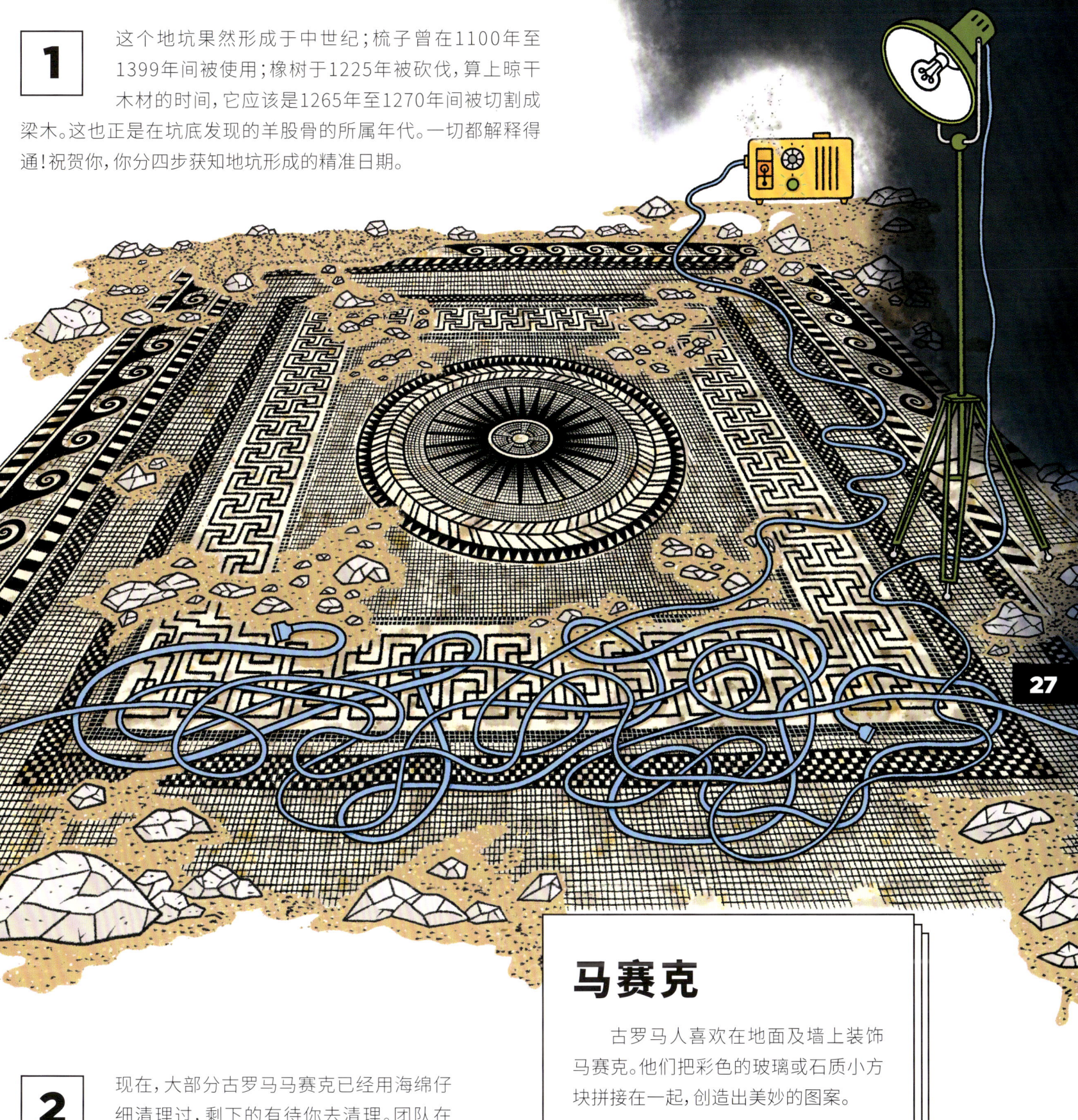

1 这个地坑果然形成于中世纪;梳子曾在1100年至1399年间被使用;橡树于1225年被砍伐,算上晾干木材的时间,它应该是1265年至1270年间被切割成梁木。这也正是在坑底发现的羊股骨的所属年代。一切都解释得通!祝贺你,你分四步获知地坑形成的精准日期。

2 现在,大部分古罗马马赛克已经用海绵仔细清理过,剩下的有待你去清理。团队在探照灯的光照下夜以继日地工作。凌晨两点左右,也许是因为保险丝烧了,探照灯突然熄灭!没有光照,开采工作无法继续。

时间宝贵,一秒钟也不能浪费!必须立即更换保险丝。保险丝位于探照灯电缆的另一端,请你火速厘清这些电缆!

马赛克

古罗马人喜欢在地面及墙上装饰马赛克。他们把彩色的玻璃或石质小方块拼接在一起,创造出美妙的图案。

3 你把电缆整理好了?不错!继续用牙刷清理马赛克,然后翻到**第36页**。

1 你选择使用牙医的牙钻,这是一个明智的选择。尽管它的效能比不上炸药和风镐,但至少不会损坏化石,这一点尤其重要。来吧,鼓足勇气,把这枚头颅从石头里挖掘出来,免得大水把你们都淹没。

$$N = N_0 e^{-\lambda t}$$
Équation $N(t) = N_0/2$;
ou $N(T) = N_0 e^{-\lambda T} = N_0/2$
$e^{-\lambda T} = 1/2$, $-\lambda T = -\ln 2$
$T = \ln 2/\lambda$; $T = 0.693/\lambda$

含铍-10量
4.3

化学小知识

形成于数十亿年前的放射性金属元素(例如铍),其原子分解过程非常缓慢。考古学家通过测定放射性元素的存量,进而推测地层及文物的年代。

2 你收到了岩石采样的分析结果,请赶紧翻到**第39页**,读一读关于史前时代的介绍。再说,那里的网络信号比岩洞里的好。

1 太好了！你不但破解了文物年代之谜，还成功地挖掘出颅骨化石。时间刚刚好，不枉费你昨晚一整夜的努力，连牙钻都用坏了！现在，水已经涨到齐脖处，完成任务的时限剩下3个小时。糟糕，大水封锁了狭窄的来路，你出不去了！唯一的办法是走古老的通风巷道，那是很久以前，当岩洞还是掘金者的矿地时修建的。你能找到唯一那条不会遭遇山体滑坡的通路吗？不然你也有可能变成化石哦！

最年长的**孩子**

史前史学科一直不断发展。南方古猿化石第一次被发现是在1924年，这次发现引起了学术界持久讨论。人们最初以为那是一只大猩猩幼崽的化石，而现在我们可以确定，"汤恩男孩"（人们用发现这块化石的地方为其命名）是一名人类小孩。从他的臼齿可以得知，他死时只有三岁；最新研究表明，他可能是因为受到老鹰攻击而亡。

2 如果你成功浮出水面，得以顺畅呼吸，那真该好好高兴一下！但别高兴太久，记住，比赛仍在继续。有人在美索不达米亚等你，请前往第4页一探究竟。

1 你用跳伞的方式，降落在德克山的一处考古营地里。大家听闻你此行的目的后，都非常诧异——这里曾是吴哥窟的建造者们开采铁矿的地方，难道会藏有黄金雕像？没错，你手机上的GPS分明就是这样显示的。借助激光雷达，你还掌握了精准的数据，知道该从哪里开挖。3个小时过后，你果然手持一尊毗湿奴神像，挥舞着向大家展示。只不过，这尊雕像特别小，而且是用铁做成的，只是外表镀了一层金。

汗流浃背的考古学家们纷纷说："这个可一点都不稀奇。"你找到的只不过是毗湿奴神金像的便携式复制品而已。你没时间气恼，再说，找到一枚小雕像，总比什么都没找到好。

X射线！

考古学家利用分光仪向金属文物投射X射线，再分析该文物折射出来的光（荧光），就能准确判断文物含有何种金属。

2 你必须确认小雕像是否真是用源自德克山的铁矿锻造而成，于是使用便携式分光仪对它进行检测。如果检测结果显示它的金属成分与你之前检测过的寺庙里的铁钉成分相似，那问题就清楚了。检测结果对比情况表在第39页关于柬埔寨的介绍中。

1 你别无选择，一整夜都在丛林里骑车赶路。当然，这也是最环保的做法。清晨5点半，你终于到达吴哥窟。想要一睹日出美景的人群涌向护城河石桥，你在人群中发现了竞争对手。他被人群裹挟着，努力想要挤出一条路来。他手里也拿着一个小雕像——看来，这样的雕像不止一个。如何才能先他一步呢？

2 你想从护城河里游过去？那就请翻到第35页；如果你担心这条曾经满是鳄鱼的护城河里现在依然还有鳄鱼，那就请翻到第22页。

糟糕，你搞错了！你该不会忘了自己正在参加一场竞争吧？
在被竞争对手超越之前，
请速速原路返回，重新开始！

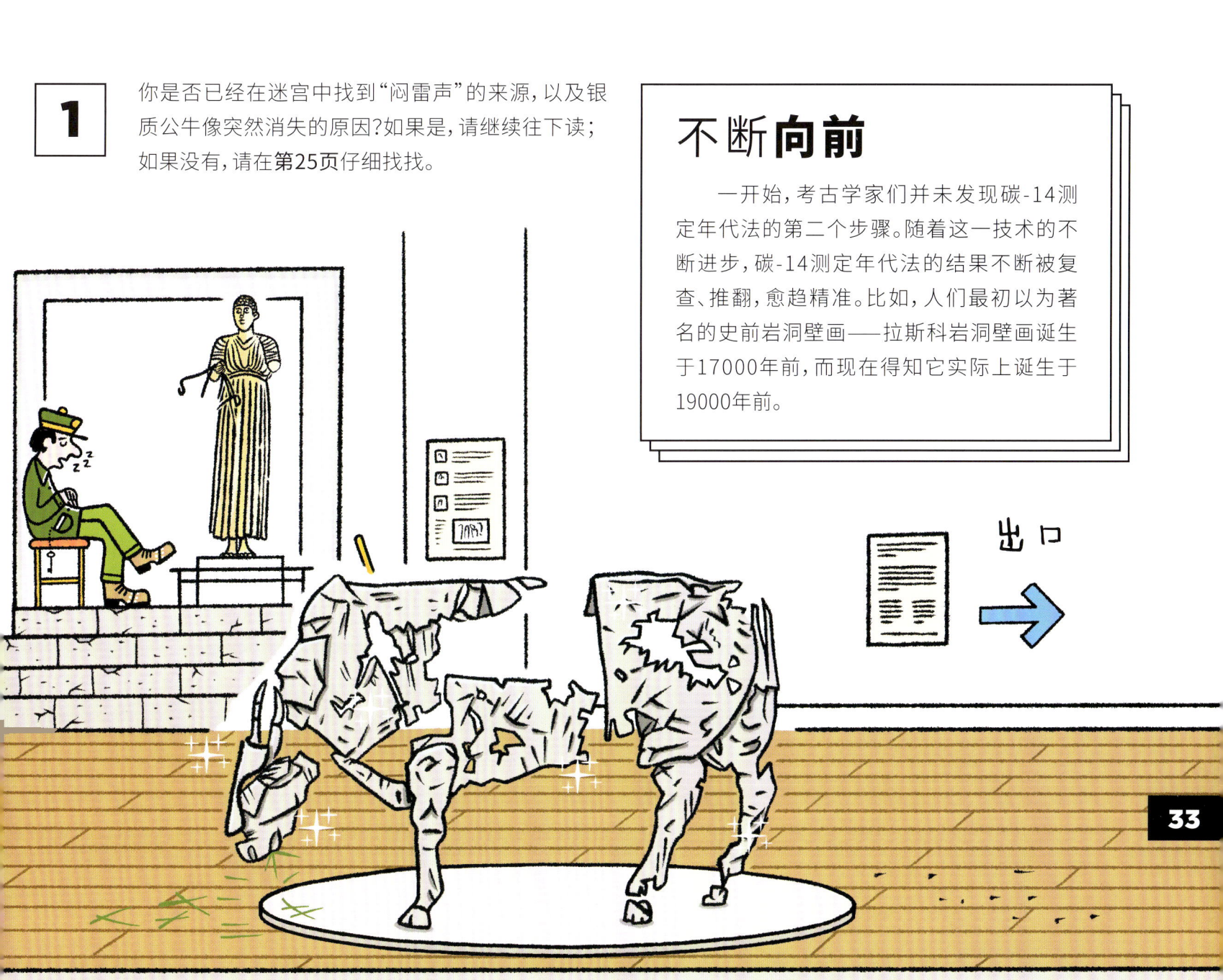

1 你是否已经在迷宫中找到"闷雷声"的来源,以及银质公牛像突然消失的原因?如果是,请继续往下读;如果没有,请在第25页仔细找找。

不断**向前**

一开始,考古学家们并未发现碳-14测定年代法的第二个步骤。随着这一技术的不断进步,碳-14测定年代法的结果不断被复查、推翻,愈趋精准。比如,人们最初以为著名的史前岩洞壁画——拉斯科岩洞壁画诞生于17000年前,而现在得知它实际上诞生于19000年前。

出口 →

2 你为破解了所有谜题而感到高兴:
• 所有日期都指向公元前1400年!
• 你在迷宫宝藏中找到了图特摩斯三世的鹅脖子上的鞘套。鹅就是圣石传说的源头。这真是一个重大发现!
• 发出响彻博物馆的"闷雷声"的,并非复活的弥诺陶洛斯牛头怪,而是一只从廊道闯入博物馆地洞的山羊。
• 文物大盗在迷宫里迷路了,你在他的背包里发现了失踪的银质公牛像,并将其放回原处。享用完一盘美味的希腊沙拉后,你重新上路。请翻到第14页。

1 沉船位于水下60米处,在这个深度潜水的风险很大。氧气罐仅能维持半小时的供氧。你知道文物大盗要找的宝贝是什么吗?请仔细观察每一处细节。

如果你来自第12页,看看这里像是博物馆吗?请原路返回,重新开始。

小心**易碎**!

考古学家采用不同的方法,修复并保存那些浸过水的皮质或木质文物。例如,给文物注入化学胶使其干燥、硬化。

34

2 你找到了兹姆里·利姆国王的另一只鞋?太棒了!你避开文物大盗,重新浮出水面,给冯教授打了个电话。
"这只鞋子到底有什么特殊之处啊?"你问道。
"我研究过第一只鞋子,它产于克里特岛,这说明当时地中海地区的商业已经相当发达。当时这些鞋子价值连城,对今天的收藏爱好者和文物大盗而言也极具诱惑力。"

3 教授对你的重大发现表示祝贺。下一个任务在**第6页**等你。

| **1** | 你并不担心护城河里有鳄鱼。你是对的，你确实没遇到鳄鱼。尽管你浑身湿透，游得气喘吁吁，但至少节省了宝贵的时间。现在，出现在你面前的是通往祭坛的陡峭阶梯。接下来的任务可不轻松。 |

**如果你来自第11页，
那你找错寺庙了。
请原路返回，重新开始。**

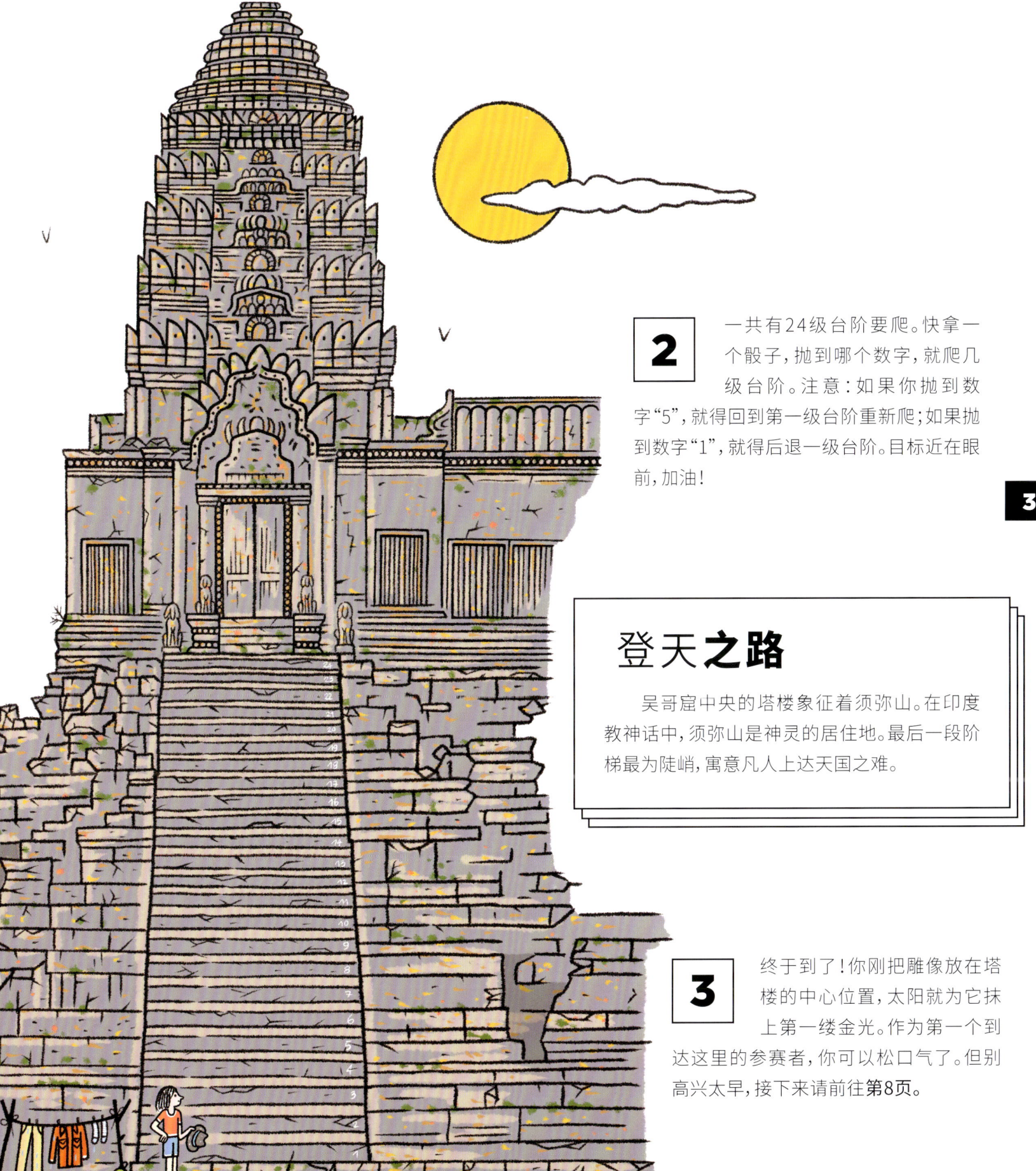

| **2** | 一共有24级台阶要爬。快拿一个骰子，抛到哪个数字，就爬几级台阶。注意：如果你抛到数字"5"，就得回到第一级台阶重新爬；如果抛到数字"1"，就得后退一级台阶。目标近在眼前，加油！ |

登天之路

吴哥窟中央的塔楼象征着须弥山。在印度教神话中，须弥山是神灵的居住地。最后一段阶梯最为陡峭，寓意凡人上达天国之难。

| **3** | 终于到了！你刚把雕像放在塔楼的中心位置，太阳就为它抹上第一缕金光。作为第一个到达这里的参赛者，你可以松口气了。但别高兴太早，接下来请前往第8页。 |

1 你简直不敢相信自己的眼睛，内心十分激动！你发现马赛克的四角分别有一只动物，真奇特！艺术家想要表达什么呢？第38页关于法国的介绍也许值得一读。

与考古
相关的职业

　　许多不同职业的人活跃在考古挖掘现场：工地负责人及其行政助理、建筑师、各类技术专家、修复师、队长及挖掘人员。

2 试着把动物与古罗马先贤祠的神灵一一挂钩。四种动物都对应上了吗？并没有？剩下的那一种动物，是否让你联想起什么？如果说这些动物都代表了它们所陪伴的神灵，那么你手里就有了一项证据，证明……证明……没错！请赶往第37页，把这个发现告诉冯教授。

你激动地向冯教授宣布：你找到了法老图特摩斯三世放飞的第三只鹅的线索！原来它飞到了法国南部。当时还是青铜时代，当地居民一定为它那漂亮的鞘套而折服。这只鹅的神话流传了近1500年，就连马赛克上也有它的形象。冯教授向你表示祝贺：你成功地通过了各项考验，当选为实至名归的"考古新星"！

冯教授问："现在，你可以休息一下了吧？"
"不，我这就出发，去寻找图特摩斯三世的第四只鹅！"
接下来的冒险旅程，将由你来谱写……

数据库

你来自美索不达米亚？

公元前1775年到公元前1761年，马里城由兹姆里·利姆国王统治。出于友谊，兹姆里·利姆国王将一双鞋子送给伟大的巴比伦国王汉谟拉比，可后者却将这份礼物退还原主。其中原委无人知晓。也许，汉谟拉比并不想接受这份友谊。事实上，汉谟拉比于公元前1761年摧毁了马里城，驱逐并杀害了兹姆里·利姆国王。请回到第18页。

你来自埃及？

你的竞争对手找到的是母鸡头颅！埃及人没有见过这种鸟类，直到公元前1450年，图特摩斯三世收到了一份礼物，那是四只母鸡。他觉得母鸡们非常了不起，因为它们每天都会下蛋！在长达好几个世纪的时间里，母鸡在埃及一直属于珍稀动物。请回到第20页。

你来自法国？

请仔细阅读这张表，然后回到第36页。

古罗马先贤祠诸神	相匹配的神圣动物
朱诺	孔雀
尼普顿	海豚
狄安娜	母鹿
维纳斯	鸽子
朱庇特	老鹰
密涅瓦	猫头鹰

你来自柬埔寨？

请你做出选择，然后回到第7页。

伽内什　梵天　毗湿奴

你来自玛雅？

查克摩尔雕像是一种半躺人像雕塑，其明显特征是人的腿部弯曲、头转向一侧。据推测，查克摩尔雕像曾是举办活人献祭时的工具。请仔细搜索玛雅奇琴伊察遗址，找到著名的查克摩尔雕像，然后回到第10页。

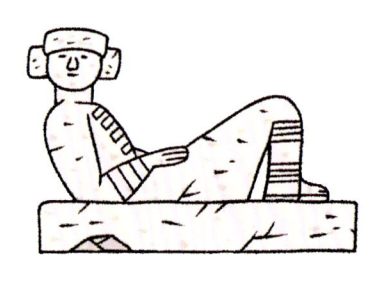

你来自柬埔寨？

如果两者的检测结果相近，请继续阅读**第31页**。

金属元素	毗湿奴神像	庙里的钉子
金 (ppm)	3	0
锌 (ppm)	3	3
铁 (ppm)	92	95
铜 (ppm)	2	2

ppm：百万分比

你来自埃及？

获得信息后，请回到**第9页**。

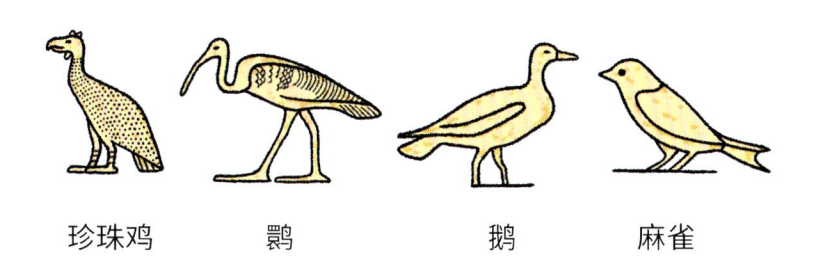

珍珠鸡　　鹮　　鹅　　麻雀

你来自希腊？

"X"表示圣石在碳-14测定年代法中显示的所属年代。
现在，请翻到**第25页**。

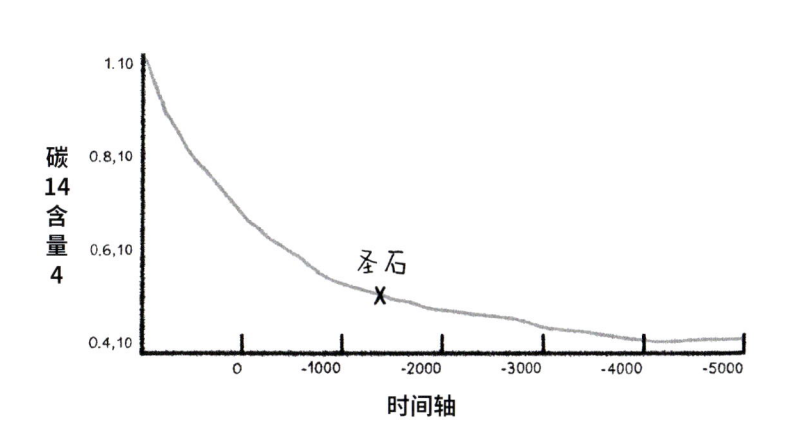

你来自史前时期？

实验室发来的第二条信息，标明了你所提供的岩土样本究竟属于哪个年代。这是不是冯教授在**第2页**提到的年代呢？

如果是，你找到的就是正确的颅骨。

请继续阅读**第29页**。

300万～400万年前

你来自法国？

读一读这些分析结果，然后翻到**第27页**。

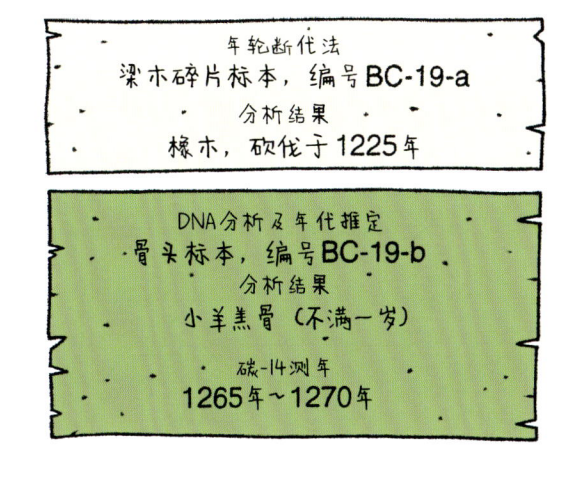

年轮断代法
梁木碎片标本，编号BC-19-a
分析结果
橡木，砍伐于1225年

DNA分析及年代推定
骨头标本，编号BC-19-b
分析结果
小羊羔骨（不满一岁）
碳-14测年
1265年～1270年

答案

史前时期

第2页：机场太远了，要赶过去时间不够；公路无法通往岩洞，最后你还得下车步行；骑马是最快的，不但可以直达岩洞，而且还很环保。

第3页：颅骨所属年代比人类取火的年代更早。所以你要选择的地层应该是存有完整兽骨的地层。

第16页：是2号颅骨。

第17页：第9页没有炸药，炸药会摧毁一切，因此无法采用；为了不损坏化石，你只能选用牙医的牙钻。

第28页：铍元素的比例是4.3，对应300万—400万年前这个时段。颅骨正好是380万年前的。

美索不达米亚

第4页：只有收藏在巴格达博物馆的碎片与之相吻合。

第5页：文字是："兹姆里·利姆国王赠送的鞋子"。

第18页：国王是唯一穿着鞋子的人。

第34页：国王的第二只鞋子在象牙箱子里。

柬埔寨

第6页：在一片广袤的园林里，仅凭一个小小的金属探测器是很难开展搜寻工作的，因此有必要采取俯瞰的方式。

第7页：毗湿奴神像头戴圆冠，有八只手。

第30页：除了镀金层，雕像与铁的成分相同，原料都来自同一个地方。

第31页：你潜入水中，勇敢前行。

第35页：这确实需要一点运气，但你一定能到达终点。

埃及

第8页：如果选择5号格，你将一无所获；请选择9号格。

第9页：这个象形文字代表鹅。

第20页：你的竞争对手找到的是母鸡颅骨。

第21页：你选择了在葛温下形成的红色印迹。

玛雅

第10页：请留意画面背景：查克摩尔雕像就在武士庙的台子上。

第11页：你应该下到天然井内。

第22页：第12页中的水神特拉洛克像出现在2号通道入口处。

第23页：玛雅人越是砍伐森林（将土地用于种植玉米），木本植物的花粉就越少，草本植物的花粉就越多。玛雅文明的衰落是毁林的恶果。